FLIEGEN
für alle Fälle

Die fängigsten Fliegen für Äschen, Bachforellen, Regenbogenforellen, Meerforellen und Hechte

Ein Buch der Zeitschrift
FLIEGENFISCHEN
INTERNATIONALES MAGAZIN FÜR FLUGANGLER

Die Deutsche Bibliothek - CIP-Einheitsaufnahme

Werner, Michael:
Fliegen für alle Fälle: die fängigsten Fliegen / [Red.: Michael Werner]. - Hamburg :
Jahr-Top-Special-Verl., 2002
(Ein Buch der Zeitschrift FLIEGENFISCHEN)
ISBN 3-86132-669-8

Autor: Michael Werner
Fotos: Ingo Karwath/FliFi, Thomas Wölfle, Edwin Hartwich, Wolfgang Hauer, Michael Werner
Gestaltung: Wolfgang Tiedemann
Satzherstellung: Helmut Gass Reprotechnik
Druck: Freiburger Graphische Betriebe GmbH & Co KG

JAHR
TOP SPECIAL
VERLAG

Vorwort

Hunderte Arten von Eintags-, Köcher- und Steinfliegen und Landinsekten, dazu noch dutzende Arten von Egeln, Kleinkrebsen und anderen Fischnährtierchen plus Beutefische oder gar kleine Säugetiere – das Nahrungsspektrum unserer Fische ist gewaltig!
Wir haben für Sie daher eine Auswahl fängiger Fliegen für alle Fälle zusammengestellt, Muster, die sich in der fischereilichen Praxis auf Bach- und Regenbogenforelle, Äsche, Hecht und Meerforelle überaus bewährt haben. Angefangen mit der hauchzarten Trockenfliege für das Fischen bei schwierigen sommerlichen Niedrigwasserbedingungen bis hin zum handfesten Streamer für große Hechte und kapitale Forellen.
Und selbstverständlich erfahren Sie auch, wann und wie die Fliege gefischt werden sollte, welche sinnvollen Variationsmöglichkeiten es gibt und welches Material man zum Binden benötigt.
Ich wünsche Ihnen viel Vergnügen und schöne, erfolgreiche Stunden am Fischwasser!

Ihr

Michael Werner
Chefredakteur

Trockenfliegen

Eine Forelle oder Äsche auf Sicht zu fangen, das gehört mit Sicherheit zu den schönsten Erlebnissen eines Anglers – vor allem, wenn der Fisch Insekten von der Oberfläche nimmt und man ihn mit der Trockenfliege überlisten kann...

Fratnik-Fliege

Wenn es besonders schwierig wird, also spät in der Saison bei Niedrigwasser (August bis Oktober), kommt die große Stunde dieser winzigen Fliege. Sie besteht praktisch aus Nichts und imitiert daher auch kleine Eintagsfliegen geradezu perfekt. Da ihr eine Hechel fehlt, liegt sie tief im Oberflächenfilm und ahmt eine gerade schlüpfende Eintagsfliege nach – trotzdem ist sie wegen ihres hellen Flügels für den Fliegenfischer gut zu sehen und in der Drift zu verfolgen. Da die feinen CDC-Federn (CDC = Entenbürzel) wegen ihrer Struktur (große Oberfläche) und des natürlichen Fettgehalts gut schwimmen, geht sie nur sehr selten unter. Sollte sie trotzdem untergehen, sollten Sie diese Fliege nicht fetten, sondern mit Leerwürfen trocknen – das Fett kann die feinen CDC-Fibern verkleben. Wichtig beim Fischen mit der Fratnik-Fliege: Verwenden Sie ein feines und vor allem langes Vorfach, damit der Winzling natürlich abtreiben kann.
Die Fratnik-Fliege können Sie jedoch auch versunken fischen, denn einige Eintagsfliegen schlüpfen am Gewässergrund und schwimmen dann an die Oberfläche. Diese Fliege, kombiniert mit einem winzigen Bleischrot, einem feinen Vorfach und einem kleinen Bißanzeiger, hat auch auf diese Weise schon so manchen Fischertag gerettet.

Material-Liste
Haken: Größe 12 bis 20
Bindeseide: 6/0, oliv
Körper: Bindeseide
Flügel: 2 Bürzelfedern, natur

Besonders fängig für

Äsche **Bachforelle** **Regenbogner**

Yellow Duck Dun

Eine sehr schlichte Imitation der Eintagsfliegen, insbesondere der kleineren Arten, ist die Yellow Duck Dun. Vergleicht man diese Fliege mit ihren natürlichen Vorbildern, dann stellt man fest, daß das Prinzip „Weniger ist manchmal mehr" bei der Yellow Duck Dun hervorragend aufgegangen ist.
Wenn es also darum geht, bei schwierigen Bedingungen (Niedrigwasser, sehr klares oder sehr langsam fließendes Wasser) eine Fliege auszuwählen, die äußerst naturalistisch wirkt, ist die Yellow Duck Dun eine gute Wahl. Da der Körper aus Bindeseide sehr schnell und einfach zu fertigen ist, bietet es sich natürlich an, diese Dun auch mit einem grünlichen oder braunen Körper zu binden. Je nach auftretende Eintagsfliegenart können Sie diese Fliege schnell und einfach an die Bedingungen ihres Gewässers anpassen. Die beste Zeit für diese Fliege (die mit einem feinen Vorfach gefischt werden sollte) ist von Mai bis September.

Material-Liste
Haken: Größe 12 bis 18
Bindeseide: 6/0, gelb
Schwanz: Hahn, braun
Körper: Bindeseide
Flügel: 2 Bürzelfedern, natur
Hechel: Hahn, braun

Genau wie die Fratnik-Fliege können Sie die Yellow Duck Dun auch versunken fischen, also kombiniert mit einem winzigen Bleischrot, einem feinen Vorfach und einem kleinen Bißanzeiger.

Besonders fängig für

Äsche

Bachforelle

Regenbogner

Shuttle Emerger

Dieser Aufsteiger kann sowohl an der Oberfläche schlüpfende Eintagsfliegen (Körperfarbe Oliv) als auch Mücken (Körperfarbe Rot oder Schwarz) sehr gut imitieren, da diese beim Auskriechen senkrecht unter der Oberfläche hängen. Die Fliege fischt also unter dem Oberflächenfilm, und ist dennoch wegen der CDC-Federn (Entenbürzel) für den Fliegenfischer sehr gut sichtbar. Da der Shuttle Emerger jedoch nur begrenzt schwimmfähig ist, wird er in ruhig fließenden Bereichen und vor allem in Seen eingesetzt. Englische Stillwasser-Profis verwenden diesen Fliegentyp sehr häufig, und sicherlich ist der Shuttle Emerger auch an unseren Forellenseen eine sehr fängige Fliege.
Die beste Zeit für den Shuttle Emerger ist von April bis September, der Hauptschlupfzeit der Eintagsfliegen und vieler Mückenarten.
Gefischt werden sollte sie unbewegt und mit einem feinen Vorfach (etwa 0,14er), das bis auf den etwa 30 Zentimeter langen Spitzenbereich gefettet wird, damit es schwimmt – ein absinkendes Vorfach würde den Emerger mit hinunterziehen.

Material-Liste
Haken: Größe 12 bis 18
Bindeseide: 6/0, oliv
Flügel: 2 Bürzelfedern, oliv
Körper: Dubbing, oliv

Besonders fängig für

Äsche

Bachforelle

Regenbogner

Adams

Die Adams gehört zu den besten Allround-Mustern, wenn es darum geht, Eintagsfliegen zu imitieren. Die moderne Variante, die auf dem Foto zu sehen ist, hat einen Loop-Wing aus Stockentenfibern, um die Flügel zusätzlich zu betonen.

Doch auch ohne diesen Loop-Wing ist die Adams immer eine gute Wahl, denn die dezente Fliege kann praktisch jede Eintagsfliegenart nachahmen. Entscheidend dabei ist jedoch, daß die richtige Hakengröße gewählt wird. Vergleichen Sie bei einem Schlupf am besten ein natürliches Insekt mit ihren Fliegen und wählen Sie erst dann die zu fischende Fliege aus. Besonders fängig ist die Adams in der Hauptschlupfzeit der Eintagsfliegen, also von von April bis September. In Größe 18 geht die Adams bei den Fischen übrigens auch gut als Mückenimitation durch.

Noch ein kleiner Tip: Wenn Sie die Hecheln auf der Unterseite der Adams stutzen, also sehr kurz abschneiden, liegt die Fliege im Oberflächenfilm und wird von den Fischen für eine gerade schlüpfende Eintagsfliege gehalten – und diese werden besonders gerne genommen.

Material-Liste

Haken: Größe 12 bis 18
Bindeseide: 6/0, schwarz
Schwanz: Hechelfibern, Hahn, braun und grizzly
Körper: Bisamdubbing
Flügel: Stockente, 4 bis 8 Fibern
Hechel: Hahn, braun und grizzly

Besonders fängig für

Äsche

Bachforelle

Regenbogner

Light Hendrickson

Genau wie die Adams gehört die Light Hendrickson zu den besten Allround-Mustern, um Eintagsfliegen zu imitieren. Die auf dem Foto zu sehende Variante hat ebenfalls einen Loop-Wing aus Stockentenfibern, doch auch ohne diesen ist die Light Hendrickson sehr fängig.
Mit ihr lassen sich von April bis September (je nach Hakengröße) sämtliche Eintagsfliegenarten nachahmen, ihre Stärke hat die Light Hendrickson jedoch eher in den Größen 12 und 14. Vielleicht liegt es dran, daß der Dubbing-Körper der Unterwolle vom Fuchs in den Hakengrößen 16 oder 18 ein wenig zu kräftig wirkt.
Insgesamt ist die Light Hendrickson aufgrund ihres dezenten Erscheinungsbildes, das durch das Schwänzchen und der Hechel – durchscheinende Blue-Dun-Hahnenhecheln – unterstrichen wird, ein hervorragendes Muster auch für schwierige Situationen.
Noch ein Tip: Wenn Sie die Hecheln an der Unterseite V-förmig stutzen, also in der Mitte parallel zum Hakenschenkel wegschneiden, sitzt die Fliege nur mit den äußeren Hecheln auf dem Wasser – und das verstärkt noch ihre imitative Wirkung.

Material-Liste
Haken: Größe 12 bis 18
Bindeseide: 6/0, grau
Schwanz: Hechelfibern, Hahn, blue dun
Körper: Dubbing, Unterwolle vom Fuchs
Flügel: Stockente, gelb gefärbt, 4 bis 8 Fibern
Hechel: Hahn, blue dun

Besonders fängig für

Äsche **Bachforelle** **Regenbogner**

Compara Dun

Die Compara Dun ist eine äußerst interessante Fliege, die auf den ersten Blick nicht sehr fängig zu sein scheint – schließlich fehlen ihr sowohl die Hecheln als auch die vielen anderen kleinen Details, die eine „anständige“ Trockenfliege haben sollte. Aufgrund der fehlenden Behechelung sitzt die Compara Dun recht tief im Oberflächenfilm und täuscht eine soeben geschlüpfte Eintagsfliege (Subimago, Dun) vor. Der Anblick, den eine auf dem Wasser treibende Compara Dun bietet, ist den Fischen also gut bekannt, und entsprechend gerne wird sie genommen, während stärker behechelte Fliegen oft ihren Dienst versagen.

Gefischt wird sie vor allem von April bis September, der Hauptschlupfzeit der Eintagsfliegenarten. Durch die Wahl der Hakengröße und der Körperfarben können Sie die Compara Dun übrigens sehr leicht an die in Ihrem Gewässer vorkommenden Eintagsfliegenarten anpassen. Falls Sie nicht genau wissen, welche Arten an Ihrem Bach oder Fluß vorkommen, sollten Sie zunächst auf Hakengröße 14 je drei helle (beigefarben) und eine dunklere Variante (hellbraun oder grünlich) binden. Mit diesen Mustern werden Sie auch an Ihrem ersten Angeltag Ihre Fische fangen und können dann aufgrund Ihrer Beobachtungen die Farbe sowie Größe optimieren.

Material-Liste
Haken: Größe 12 bis 18
Bindeseide: 6/0, braun
Dubbing: Antron, braun
Flügel: Rehhaar, braun
Schwanz: Hechelfibern, braun

Besonders fängig für

Äsche

Bachforelle

Regenbogner

Buck Caddis

Köcherfliegen gehören neben den Eintagsfliegen zu den wichtigsten Insektenarten der Fische – und Fliegenfischer. Diese Insekten kommen zahlreich sowohl in stehenden als auch in fließenden Gewässern vor und bevorzugen etwas nährstoffreichere Gewässer als beispielsweise die Steinfliegen. Auch (oder gerade) an Niederungsflüssen hat man daher oft einen guten Köcherfliegenschlupf. Die Buck Caddis ist ein Paradebeispiel einer Köcherfliegen-Imitation. Sie schwimmt auch in schneller Strömung, ist gut sichtbar und kann aufgrund ihrer hervorragenden Schwimmfähigkeit auch an der Oberfläche gezogen werden – beim abendlichen Köcherfliegenschlupf oft der Schlüssel zum Erfolg, denn die an der Oberfläche schlüpfenden Köcherfliegen (meist in der Abenddämmerung und nachts) versuchen aufzufliegen oder über das Wasser laufend das Ufer zu erreichen.

Obwohl einige Köcherfliegen bereits sehr früh im Jahr schlüpfen, sind die Monate Juli bis September ideal für die Fischerei mit diesen Mustern. Durch eine entsprechende Wahl der Hakengröße und der Farbe des Rehhaars (beige bis schwarz) können mit dieser Fliege alle bei uns vorkommenden Köcherfliegen imitiert werden.

Material-Liste
Haken: Größe 8 bis 18
Bindeseide: 6/0, gelb
Körper: Bindeseide
Hechel: Hahn, braun
Flügel: Rehhaar

Besonders fängig für

Äsche

Bachforelle

Regenbogner

Foam Beetle

Sommerzeit ist Käferzeit – und das wissen auch die Fische. Überall, wo Käfer ins Wasser fallen, kennen Forellen und Äschen diese Nahrung und nehmen sie gerne. Besonders bei der Stillwasserfischerei (Forellensee, „Put & Take“) auf Regenbogenforellen haben die kleinen Käfer-Imitationen einen hohen Stellenwert – vielleicht auch, weil der Foam Beetle einem Futterpellet so ähnlich sieht…
Auch in „freier Wildbahn“ schlagen sich die Fische oft mit Käfern die Bäuche voll, vor allem von Mai bis September. Interessant sind Bereiche, an denen Käfer häufiger ins Wasser gelangen (Büsche, Bäume, Brücken) und etwas windigere Tage, bei denen Käfer von den Ästen geschüttelt werden oder als ungeschickte Flieger notwassern müssen. Wenn Sie mit einem Käfer fischen, können Sie also diese Stellen gezielt abklopfen, und das ist wörtlich gemeint, denn Käfer landen nicht sanft auf dem Wasser, sondern plumpsen hinein. Da man bei dieser „Busch- und Baumfischerei“ gelegentlich auch mal eine Fliege abreißt, ist es sicherlich gut zu wissen, daß sich der Foam Beetle sehr schnell und einfach binden läßt. Wenn Ihnen der Foam Beetle zu einfach ist, können Sie zusätzlich mit einer braunen Hechel die Beinchen nachahmen – notwendig ist das aber nicht.

Material-Liste
Haken: Größe 10 bis 18
Bindeseide: 6/0, schwarz
Körper: Pfauengras
Rücken: Polycelon

Besonders fängig für

Äsche **Bachforelle** **Regenbogner**

Daddy Long Leg

Schnaken werden im Englischen Cranefly genannt, die Daddy Long Leg ist das bekannteste Muster. Bei der Stillwasserfischerei auf den Britischen Inseln ist sie eine der wichtigsten Trockenfliegen – und das sollte einem zu denken geben…
Die graubraunen Schnaken sind als solche leicht zu erkennen. Der schlanke, lange Körper, die langen Beine und die beiden Flügel (Spannweite etwa 5 Zentimeter) machen sie unverwechselbar.
Im Sommer (Juli bis September) schlüpfen auf Rasenflächen, Wiesen oder Feldern große Mengen dieser Insekten, und viele davon landen in den angrenzenden Gewässern.
Die Daddy Long Leg ist eine hervorragende (aber wenig gefischte) Fliege für langsam fließende Gewässer und natürlich auch für Seen. Die Daddy Long Leg wird unbewegt gefischt, trotzdem ist es ein guter Trick, der Fliege einen kurzen Ruck zu geben, wenn sich ein Fisch in der Nähe an der Oberfläche gezeigt hat – er wird Ihre Fliege dann mit Sicherheit entdecken und wahrscheinlich auch nehmen.
Beim Anhieb sollten Sie sich etwas mehr Zeit lassen, denn die Fische nehmen im Stillwasser langsamer als in der Strömung. Kleiner Tip: Zählen Sie „21, 22“ und heben Sie dann die Rute.

Material-Liste
Haken: Größe 6 bis 10
Bindeseide: 6/0, schwarz
Körper: Gelbe Seide
Beine: 8 Fasanenfibern, geknotet
Flügel: 2 Hechelspitzen, Hahn grizzly-braun, in Spentposition
Hechel: 2 bis 3 Hahnenhecheln, grizzly-braun

Besonders fängig für

Bachforelle

Regenbogner

Danica

Der Maifliegenschlupf gehört zu den Sternstunden des Fliegenfischens, und dies ist die passende Fliege dazu. Allerdings darf nicht unerwähnt bleiben, daß der Maifliegenschlupf an den meisten unserer Gewässer erst Ende Mai/Anfang Juni einsetzt und dann etwa zwei Wochen andauert. Da die Larven der Maifliegen (es gibt mehrere Arten) weichen Boden bevorzugen, sind Niederungsbäche und -flüsse ihr idealer Lebensraum. Maifliegen kommen aber auch in vielen sauberen Seen in beachtlicher Zahl vor, und besonders bei der Seen-Fischerei in Irland genießt die Maifliege einen hohen Stellenwert.
Beim Fischen mit dieser voluminösen Trockenfliege sollten Sie ein kräftigeres Vorfach (0,18er bis 0,20er) verwenden, da das Nylon sonst beim Werfen verdrallt – und weil man mit der Maifliege (für eine Trockenfliege) extrem große Fische fangen kann!
Normalerweise wird die Trockenfliege bewegungslos gefischt und am dritten, vierten Tag des Maifliegenschlupfes (nach einer „Gewöhnungsphase“) von den Fischen problemlos akzeptiert. Gegen Ende des Schlupfes und der Eiablage werden die Fische dann wieder heikel, denn die Bäuche sind gefüllt. Kleiner Tip: Verleihen Sie Ihrer Imitation während der Drift durch leichtes Zittern mit der Rutenspitze etwas Leben – das wirkt oft Wunder…

Material-Liste
Haken: Größe 8 oder 10, lang
Bindeseide: 6/0, schwarz
Schwanz: 3 Fibern, Fasanenschwanz
Körper: Kunstbast, beige
Rippung: Zwirn, schwarz
Flügel: Bucktail, gelb
Hechel: 3 Hahnenhecheln, creme, braun, creme

Besonders fängig für

Äsche

Bachforelle

Regenbogner

Nymphen

So schön das Fischen mit der Trockenfliege auch sein mag – Forellen und Äschen nehmen etwa 80 Prozent ihrer Nahrung unter der Oberfläche auf. Also, wenn das kein gutes Argument für das Fischen mit der Nymphe ist...

Shrimp

Flohkrebse kommen in verschiedenen Formen in fast allen Gewässern vor und gehören neben den Insektenlarven zu den wichtigsten Futtertierchen unserer Fische, im Winter sind diese oft sogar die einzig vorhandene Nahrung. Imitationen dieser Kleinkrebse gehören daher seit langem zu den wichtigsten Mustern für die Fliegenfischerei. Flohkrebse werden meist auf stark gebogene Haken gebunden, doch das imitiert einen echten (lebenden!) Flohkrebs nicht ideal – Flohkrebse schwimmen nicht krumm, sondern mit gestrecktem Körper. Das abgebildete Muster ist daher sehr gut zur Nachahmung eines schwimmenden Flohkrebses geeignet.
Flohkrebse werden im Fluß mit der klassischen Nymph-Methode stromauf gefischt, in Seen und der Ostsee werden sie mit kurzen Zügen herangezupft – besser wäre es im Stillwasser jedoch, sie mit sehr, sehr langsamen, langen Zügen (20 bis 40 Zentimeter) einzuholen, denn Flohkrebse schwimmen nicht ruckartig, sondern gleichmäßig. Kleiner Tip: Wenn Sie Ihre Flohkrebse so naturgetreu wie möglich binden möchten, schauen Sie sich die Vorbilder an Ihrem Gewässer einmal genauer an. Sie finden diese am leichtesten unter Steinen oder Totholz im knietiefen Wasser.

Material-Liste
Haken: Naßhaken Größe 10 bis 14
Beschwerung: Bleidraht
Bindeseide: 6/0, oliv
Körper: Dubbing, oliv und orange gemischt
Rücken: Fasan, Schwanzfederfibern
Rippung: Nähseide, oliv

Besonders fängig für

Äsche

Bachforelle

Meerforelle

Regenbogner

Ritz D

Die Ritz D ist eine recht einfach zu bindende und zugleich sehr effektive Nymphe, die (je nach Hakengröße) eine ganze Reihe verschiedener Eintagsfliegenarten imitieren kann.
Besonders fängig ist die Ritz D von April bis September (Hauptschlupfzeit der meisten Eintagsfliegenarten), aber auch später im Jahr fängt sie noch sehr gut, vor allem Äschen – wie viele Nymphen mit einem „Kupferanteil" ist auch die Ritz D eine hervorragende Nymphe für die gezielte Äschenfischerei.
Zwei gute Standardgrößen, die ein breites Spektrum der Eintagsfliegen abdecken, sind die Hakengrößen 12 und 14.
Der Körper (Thorax) der Fliege ist aus dünnem Kupferdraht gewickelt. Diese Beschwerung verleiht der Nymphe etwas mehr Gewicht, sie sinkt dadurch besser ab und fischt tiefer – genau da, wo die Fische normalerweise die Nymphen erbeuten. Da die Kupferdrahtwicklung außerdem dezenter als ein Goldkopf ist, kann diese Nymphe auch an stark befischten Gewässern erfolgreich eingesetzt werden.
Gefischt wird sie normalerweise stromauf mit einem kleinen Bißanzeiger und bei starker Strömung oder tiefem Wasser mit einem zusätzlichen Bleischrot. In Hakengröße 16 oder 18 kann mit der eigenschweren Nymphe jedoch auch bei Niedrigwasser sehr gut auf Sicht gefischt werden.

Material-Liste
Haken: Größe 10 bis 18
Bindeseide: 6/0, schwarz
Schwanz: Fasanenfibern
Rippung: Nylon oder Kupfer
Körper: Pfauengras
Thorax: Kupferdraht
Flügelköcher: Fasanenfiber

Besonders fängig für

Äsche

Bachforelle

Regenbogner

March Brown Goldkopf

Diese Nymphe ist ein hervorragendes Allround-Muster, um während eines Eintagsfliegenschlupfes seine Fische mit der Nymphe zu fangen. Der helle Körper ahmt die Farbe zahlreicher Eintagsfliegennymphen nach, der dunkle Köcher deutet eine schlupfreife Nymphe an, die gesprenkelten Rebhuhnfibern täuschen die Schwimmbewegung vor und der Goldkopf läßt tief fischen. Was will man mehr?

Gefischt wird sie klassisch stromauf, am besten mit Bißanzeiger. Am Ende der Driftphase sollten Sie diese Nymphe mit Zitterbewegungen von der Strömung Richtung Oberfläche drücken lassen – und genau dann immer auf einen Biß gefaßt sein!

Erfolgreich gefischt werden kann diese Nymphe (in der passenden Größe) besonders in der Zeit von April bis Ende September, also in der Hauptschlupfzeit der Eintagsfliegen.

Kleiner Tip: Wenn Sie an Ihrem Gewässer einen Maifliegenschlupf haben und trotzdem nichts steigt, dann sollten Sie es in dieser Zeit unbedingt einmal mit einer March Brown Goldkopf in Hakengröße 10 probieren! Besonders am Ende der Drift, also wenn die Nymphe aufsteigt, wird sie oft vehement genommen.

Material-Liste

Haken: Größe 10 bis 16
Bindeseide: 6/0, schwarz
Hechel: Rebhuhn
Flügelköcher: Fasanenfibern
Thorax: Goldperle
Schwanz: Rebhuhn
Körper: Hasendubbing

Besonders fängig für

Äsche

Bachforelle

Regenbogner

Peacock and Copper

Es gibt nur wenige Nymphen, die gebunden wurden, um mit ihr gezielt eine einzige Fischart zu fangen – eine von diesen ist die Peacock and Copper. Bei der Wahl des Bindematerials hat man sich auf nur zwei Dinge beschränkt, die es der Äsche besonders angetan haben: Pfauengras und Kupferkopf. Herausgekommen ist diese Nymphe. Und obwohl sie wenig imitativ ist, ist sie eine echte „Äschen-Verführerin".
Gefischt wird sie daher auch an den typischen Äschenstellen (insbesondere schnellere Passagen, sogenannte „Äschenzüge"), stromauf mit einem Bißanzeiger. Erstaunlicherweise ist die Peacock and Copper spät in der Saison (Spätherbst und Winter) vor allem in den großen Größen (10er Haken) sehr fängig und kann dann sogar wie eine Naßfliege (45 Grad stromab im Swing) mit leichten Zitterbewegungen sehr erfolgreich gefischt werden. Wichtig dabei ist jedoch, daß die Peacock and Copper tief fischt. Ein zusätzliches Bleischrot oder eine Sinktip sind daher angebracht.
Daß auf diese Äschen-Nymphe selbstverständlich gelegentlich auch Forellen beißen, liegt in der Natur der Sache. Dennoch: Sie ist ein Spezialist für die Äsche.

Material-Liste
Haken: Naßhaken Größe 10 bis 16
Beschwerung: Kupferperle
Bindeseide: 6/0 schwarz
Schwanz: Pfau, Schwertfederfibern
Körper: Pfauengras
Rippung: Ovalsilber

Besonders fängig für

Äsche

Goldkopf Hasenohr

Fragt man erfahrene Nymphenfischer nach den besten Mustern, fällt ein Name garantiert: die Hasenohr-Nymphe. Und in der Tat ist diese Fliege, gebunden auf verschiedene Hakengrößen, ein hervorragendes Gruppenmuster für alle Eintagsfliegen-Nymphen. Kombiniert mit einem Goldkopf, der die Fliege bodennah fischen läßt, ist sie kaum zu schlagen. Es sei denn, das Gewässer wird intensiv mit Goldköpfen befischt. Besonders fängig ist die Goldkopf Hasenohr von April bis September (Hauptschlupfzeit der meisten Eintagsfliegenarten), mit einem zusätzlichen orangefarbenen Schwänzchen fängt sie jedoch auch spät im Jahr sehr gut, vor allem Äschen.
Die Goldkopf Hasenohr wird in der Regel stromauf mit einem Bißanzeiger gefischt, eignet sich in den Hakengrößen 8 und 10 jedoch auch zum Fischen im Swing (45 Grad stromab werfen, mit Zitterbewegungen ans eigene Ufer herumschwingen lassen).

Material-Liste
Haken: Größe 8 bis 16
Kopf: Goldperle
Bindeseide: 6/0, braun
Schwanz: Rebhuhn
Körper: Hasenohrdubbing

Noch ein kleiner Tip für Äschenfreunde: Versuchen Sie es statt der Goldkopfperle mal mit einer aus Kupfer. Sie werden sich wundern…

Besonders fängig für

Äsche

Bachforelle

Regenbogner

Ostrich Stone

Die Ostrich Stone ist eine sehr einfach zu bindende und gleichzeitig fängige Nymphe, die die Larven der Steinfliegen imitiert. Besonders geeignet ist diese schnell herstellbare Nymphe für Gewässerstrecken, die keinen reinen Kiesgrund, sondern Felsen, Totholz und andere „Hängerfallen“ haben.
Je nach Wahl der Hakengröße kann die Ostrich Stone fast alle Steinfliegenlarven nachahmen und ist daher ein gutes Gruppenmuster, das in Gewässern der Forellenregion bei der klassischen Stromauf-Nymphfischerei eingesetzt wird.
Einige Fliegenfischer verwenden dieses Muster jedoch auch in stehenden und langsam fließenden Gewässern wie einen kleinen Streamer, um die Larven der Großlibellen zu imitieren.
In Fließgewässern ist diese große Nymphe besonders fängig von April bis September (kleiner Haken) sowie im Juni/Juli (großer Haken). Im Stillwasser fängt sie besonders gut von Anfang Juli bis Mitte August (Schlupfzeit der Großlibellen). Im Stillwasser wird die Ostrich Stone am erfolgreichsten im Flachwasser in der Nähe von Wasserpflanzen gefischt, die schlupfreifen Libellenlarven klettern besonders gerne an Stengeln (Schilf oder ähnlichem) empor.

Material-Liste

Haken: Größe 4 bis 10, lang
Bindeseide: 6/0, schwarz
Beschwerung: Bleidraht
Schwanz: Straußenfibern, braun
Körper: Straußenfibern, braun
Rippung: Nylonfaden
Thorax: Straußenfibern, braun
Flügelköcher: Truthahn

Besonders fängig für

Bachforelle

Regenbogner

Wiggle Stone

Die Wiggle-Stone ist eine Larven-Nachbildung der großen Arten der Steinfliegen. Diese extrem großen Nymphen (Körperlänge bis drei Zentimeter) kommen nur in sehr sauberen und sauerstoffreichen Gewässern vor. In Gewässern der Forellenregionen mit Kiesgrund, besonders in den Alpen, sind sie am ehesten zu finden.
Da die Larven im kiesigen Gewässergrund leben, sind sie für die Fische meist nicht erreichbar – außer in der Schlupfzeit (meist Juni/Juli) und nach Hochwasserschüben. Besonders schnell steigendes oder fallenes Wasser ist interessant, dann ist die große Wiggle Stone, die sich im Wasser lebhaft bewegt, extrem fängig – auch für scheue Großforellen. Gefischt wird sie in der klassischen Nymphen-Technik stromauf, kann aber auch in ruhigeren Bereichen im „Swing“ gefischt werden, also 45 Grad stromab werfen und mit Zitterbewegungen der Rute ans eigene Ufer herumschwingen lassen.

Material-Liste
Haken: 1. Größe 6 bis 10, lang, mit geradem Öhr
2. Naßhaken Größe 6 bis 10
(Haken 1 wird nach der Bindearbeit abgekniffen; Haken 2 kann beschwert werden)
Haken 1:
Bindeseide: 6/0, braun
Schwanz: 2 Biots, braun
Körper: Dubbing, goldbraun
Rücken: Kunstbast, braun
Rippung: Seide, gelb
Haken 2:
Bindeseide: 6/0, braun
Beschwerung: Bleidraht
Thorax: Dubbing, goldbraun
Flügelköcher: Kunstbast, braun
Fühler: 2 Biots, braun
Kopf: Dubbing, goldbraun

Besonders fängig für

Bachforelle

Regenbogner

Goldkopf Damsel

Damsel-Fliegen imitieren die Libellen-Larven, sind entsprechend groß und für die Fische daher ein äußerst verlockendes Angebot. Da die Larven vieler Libellen mehrere Jahre im Wasser leben (bis zu drei), können diese Nymphen das ganze Jahr lang gefischt werden. Besonders effektiv sind sie jedoch von Mai bis September, denn in dieser Zeit schwimmen die Libellenlarven vor dem Schlupf umher und werden häufig von den Fischen erbeutet.
Ideale Gewässer sind Seen, Teiche und langsam fließende Gewässer, mit ausgedehnten Krautfeldern, denn in diesen kommen Libellenlarven am häufigsten vor.
Gefischt werden diese Fliegen idealerweise mit einer Schwimmschnur ähnlich einem Streamer, sie werden also mit kurzen (drei bis fünf Zentimeter) Zügen eingeholt. Die Goldkopf Damsel entwickelt dabei durch die Beschwerung am Öhr eine hervorragende Aktion, die die natürliche Schwimmbewegung der Libellenlarve perfekt imitiert.

Material-Liste

Haken: Größe 6 bis 12, lang
Bindeseide: 6/0, oliv
Schwanz: Marabou, oliv
Rippung: Ovalgold
Körper: Marabou, oliv, gedubbt
Flügelköcher: Marabou, oliv
Thorax: Marabou, oliv

Wenn Sie mit diesem Muster an Forellenseen fischen, sollten Sie daran denken, daß die Fische in diesen Gewässern sehr groß sein können, also auch ein entsprechend starkes Vorfach (0,25er Monofil) verwenden.

Besonders fängig für

Bachforelle

Regenbogner

Nassfliegen

Irgendwo zwischen Nymphe und Streamer bewegen sich die Naßfliegen – sie können sowohl Insektenlarven imitieren, als Reizfliege wirken oder beide Eigenschaften kombinieren. Vielleicht ist das der Grund für ihre Fängigkeit?

Lièvre et Perdix

Wenn man sich entscheiden müßte, ob diese Naßfliege eher ein Streamer oder eine Nymphe ist, würde die Wahl wohl auf Nymphe fallen. Denn die Lièvre et Perdix ist weniger eine Reizfliege als eine Imitation einer aufsteigenden Eintagsfliege.

Der dunkle Thorax der Lièvre et Perdix ahmt dabei die bei einer schlupffertigen Nymphe dunkle Flügelscheide nach und die gebänderte Rebhuhnhechel täuscht eine Schwimmbewegung vor.

Gefischt wird die Lièvre et Perdix von Mai bis Oktober wie eine klassische Naßfliege, also mit einem Wurf stromab. Dabei sollte man die Fliegenschnur jedoch nicht im 45 Grad Winkel, sondern weiter stromab werfen und die Leine zusätzlich nach dem Ablegen der Fliege stromauf menden, um die Geschwindigkeit der Fliege zu reduzieren. Kleiner Tip: Lassen Sie die Fliege am Ende der Drift mit einer zitternden Rutenbewegung einen Moment in der Strömung stehen. Sie imitieren damit die letzte Phase des Aufstiegs, also den Versuch der Nymphe, die Wasseroberfläche zu durchbrechen.

Da die Bisse auf diese Fliege meist oberflächennah, also sichtbar, erfolgen, ist die Fischerei mit der Lièvre et Perdix nicht nur effektiv, sondern auch spannend.

Material-Liste
Haken: Größe 12 bis 16
Bindeseide: 6/0, schwarz
Körper: Hinten Wolle, gelb, sonst Dubbing, Hasenohr
Hechel: Rebhuhn

Besonders fängig für

Äsche **Bachforelle** **Regenbogner**

Montana Stone

Ursprünglich wurde diese Nymphe als Imitation der Steinfliegenlarven gebunden, inzwischen hat sich diese Fliege jedoch zur heimlichen Nummer 1 der Forellensee-Angler („Put & Take"-Seen) entwickelt. Diese Fliege wird also nicht mehr als Imitation, sondern als Reizfliege gefischt, auf die besonders Regenbogenforellen sehr gut ansprechen. An einer Schwimmschnur oder Intermediate wird sie langsam mit kurzen Zügen (drei bis fünf Zentimeter) gefischt, kurze Beschleunigungsphasen bringen dabei oft einen Biß.
Inzwischen gibt es diese Fliege in zahlreichen Abwandlungen, von denen zwei besonders fängig sind: Mit giftgrünem („Chartreuse") Thorax und mit schwarzem Marabou-Schwänzchen.
In dieser Farbkombination ist die Montana auch eine interessante Fliege für Friedfische, besonders Döbel, Alande und auch Karpfen werden mit diesem Muster gezielt gefangen.
Übrigens: Mit der Montana wurden in den letzten Jahren in den Flüssen Argentiniens und Chiles bei sommerlichen Temperaturen und Niedrigwasser auch zahlreiche Meerforellen gefangen – ein Versuch bei uns steht noch aus...

Material-Liste
Haken: Größe 4 bis 10, lang
Bindeseide: 6/0, schwarz
Beschwerung: Bleidraht
Schwanz: Hechelfibern, schwarz
Körper: Chenille, schwarz
Thorax: Chenille, gelb
Hechel: Hahn, schwarz
Flügelköcher: Chenille, schwarz

Besonders fängig für

Regenbogner

Zulu Nymph

Diese Nymphen-Variante der Zulu, die auch wie eine Naßfliege gefischt werden kann, verbindet mehrere Elemente, die sich bei der Fischerei auf Äsche und Forellen bewährt haben: Pfauengras, dunkle Hechel und rotes Schwänzchen.
Bewährt hat sich die Zulu Nymph besonders bei der Äschenfischerei spät im Jahr, gefischt wird sie dann mit der klassischen Nymphtechnik stromauf, am besten mit einem Bißanzeiger.
Doch die Zulu Nymph kann auch wie eine klassische Naßfliege gefischt werden, also stromab im 45 Grad Winkel. Besonders bei einem Köcherfliegenschlupf, bei dem die Fische die unter der Oberfläche Richtung Ufer schwimmenden Puppen nehmen, ist diese Fliege eine gute Wahl – falls man kein zum Schlupf passendes Muster zur Hand hat.
Ein echter Geheimtip ist die Zulu Nymph für die Meerforellenfischerei. In Größe 8 bis 12 fängt sie an der Küste das ganze Jahr über ihren Fisch, und auch im Fluß sollte man sie bei der schwierigen Sommerfischerei (niedriges, klares Wasser) unbedingt einmal gefischt haben. In dieser Situation sollte man sie mit der Schwimmschnur und einem langen Vorfach (4 bis 5 Meter) anbieten, um die vorsichtigen, scheuen Meerforellen nicht zu beunruhigen. Für die Meerforellenfischerei im Fluß können Sie die Zulu auch auf kleinen Lachshaken binden.

Material-Liste
Haken: Größe 8 bis 16
Beschwerung: Bleidraht
Bindeseide: 6/0, schwarz
Schwanz: Wolle, rot
Rippung: Nylon
Körper: Pfauengras
Hechel: Hahn, schwarz

Besonders fängig für

Äsche

Bachforelle

Meerforelle

Regenbogner

Old Nick

Eine perfekte Fliege für die Stillwasserfischerei während der kalten Jahreszeit ist die Old Nick. In Teichen und Seen verführt sie zwischen Oktober und Mai sehr verläßlich Regenbogenforellen, und in der Ostsee sind es die Meerforellen und auch Steelheads, die ein Faible für diese Fliege haben.
Der Vorteil dieser Fliege: Beim Werfen legen sich die Hecheln an, die ganze Fliege hat dann einen extrem niedrigen Windwiderstand und läßt sich entsprechend gut und weit werfen. Im Wasser „entfaltet" sie sich sofort und pulsiert auch bei langsamer Führung sehr lebhaft.
Da die Fliege sehr leicht ist, sinkt sie jedoch nicht gut ab und sollte an der Küste an der Schwimmschnur (WF) entweder mit einem Fluorcarbon-Vorfach (schwerer als normales Nylon) oder einer kurzen Sinktip (1,5 Meter) gefischt werden. Im tiefen Stillwasser hingegen sollte man sie mit einer Intermediate oder einer Sinkschnur fischen.
Für Meerforellen wird die Old Nick auf einen Haken der Größe 6 bis 10 gebunden. Beim Fischen auch auf Regenbogner sollte es eher eine 8 bis 10 sein, doch auch kleinere Größen (12 oder 14) können sehr effektiv sein. Gefischt werden sollte sie mit kurzen, schnellen Zügen (5 Zentimeter), die von kurzen Pausen unterbrochen werden.

Material-Liste
Haken: Größe 6 bis 14
Bindeseide: 6/0, schwarz
Schwanz: Hahn, fluo-orange
Körper: Silbertinsel
Rippung: Silberdraht
Hechel: Hahn, fluo-orange

Besonders fängig für

Meerforelle

Regenbogner

Black & Peacock Spider

Einfacher kann eine Naßfliege nicht sein. Die Black & Peacock Spider besteht praktisch nur aus einem Pfauengraskörper und einer schwarzen Hechel. Da das Pfauengras vor dem Winden des Körpers mit dem Bindefaden verdreht wird, kann die Rippung aus Nylon oder Kuperdraht, die den Körper zusätzlich schützen soll, gegebenenfalls auch weggelassen werden. Vor allem für Einsteiger in Sachen Fliegenbinden ist die Black & Peacock Spider also eine interessante Naßfliege.
Sie kann auf Forellen und Äschen gefischt werden wie eine normale Naßfliege (45 Grad stromab, Swing ans eigene Ufer), wie eine Nymphe oder sie kann (in ruhigen Bereichen oder im Stillwasser) mit kleinen Zügen (3 bis 5 Zentimeter) herangezupft werden. Prinzipiell kann die Black & Peacock Spider das ganze Jahr lang ans Vorfach gebunden werden, wobei Forellen auf sie am besten von Mai bis September zu reagieren scheinen. Spät in der Saison (Spätherbst oder Winter) ist die Black & Peacock Spider für Äschen eine interessante Fliege, wenn sie mit der Nymphtechnik stromauf angeboten wird. Im Sommer und Herbst ist sie (auf Hakengröße 8 oder 10 gebunden) auch eine interessante Küstenfliege für die Meerforellenfischerei. Es gibt also genügend Gründe, sich einen kleinen Vorrat dieses Musters anzulegen.

Material-Liste
Haken: Größe 8 bis 14
Bindeseide: 6/0, schwarz
Körper: Pfauengras
Rippung: Nylon oder Kupferdraht
Hechel: Henne, schwarz

Besonders fängig für

Äsche **Bachforelle** **Meerforelle** **Regenbogner**

Hardy's Favourite

Die Hardy's Favourite ist eine äußerst interessante Naßfliege, die ein breites Spektrum der Fischerei abdecken kann: Sie kann sowohl als Imitation einer Köcherfliege (einige Arten der Köcherfliege tauchen zur Eiablage zum Gewässergrund) oder auch als Reizfliege gefischt werden.
Bei der Hardy's Favourite ist besonders interessant, daß sowohl das Schwänzchen als auch die Hechel durch ihre gebänderte Färbung im Wasser eine zusätzliche Bewegung vortäuscht und der Körper mit seinem Rot-Grün-Kontrast für Fische sehr gut sichtbar ist. Dennoch ist die Fliege nicht sehr aufdringlich.
Im Normalfall wird sie mit einer Schwimmschnur oder einer Intermediate (DT oder WF) angeboten, das Vorfach sollte dabei ungefähr Rutenlänge haben.
Gefischt wird sie gewöhnlich wie eine klassische Naßfliege. Man wirft sie im 45 Grad Winkel über die Strömung um sie dann ans eigene Ufer schwingen zu lassen. Auch im Stillwasser wird die Hardy's Favourite gefischt, dabei wird sie in 5 bis 10 Zentimeter langen Zügen eingeholt, gleiches gilt auch für die Sommerfischerei bei Niedrigwasser auf Meerforellen. Für die Forellenfischerei wird die Hardy's Favourite normalerweise in den Hakengrößen 12 bis 16 gefischt, für die Meerforellenfischerei wird meist Hakengröße 6 oder 8 benutzt.

Material-Liste
Haken: Größe 6 bis 16
Bindeseide: 6/0, schwarz
Schwanz: Tippetfeder, Goldfasan
Rippung: Floss, rot
Körper: Pfauengras
Hechel: Rebhuhn
Flügel: Federsegment, Grouse oder Truthahn

Besonders fängig für

Bachforelle

Meerforelle

Regenbogner

Secret Weapon Golden Alexandra

Erdacht wurde das Prinzip des nachgeschalteten Drillings auf den britischen Inseln von fehlbißgeplagten Meerforellenfischern, und dieses läßt sich selbstverständlich auch auf alle anderen kleineren Meerforellenfliegen übertragen – sehr interessant ist beispielsweise auch eine Secret Weapon Zulu.
Allerdings muß man wissen, das selbst diese „zusätzliche Bewaffnung" keine Garantie gibt, daß jeder Biß auch zum Erfolg führt. Der kleine Drilling sorgt nur für einen ersten Kontakt – mit der Chance, daß der größere Einzelhaken im Maul Halt findet.
Auch in Hinblick auf das eventuelle Vorkommen junger Meerforellen oder Lachse (Smolts) oder anderer untermaßiger Fischarten (vor allem Bachforellen) muß der Einsatz dieser Fliege also wohl überlegt sein.
Setzt man die Secret Weapon jedoch ein, sollte man es unbedingt einmal mit der Golden Alexandra versuchen.

Besonders fängig für

Meerforelle

Material-Liste
Haken: Größe 6 bis 12
Bindeseide: 6/0, schwarz
Körper: Lurex, gold
Flügel: Schwertfederfibern vom Pfau, rote Hechelfibern
Hechel: Henne, schwarz
Seiten: Dschungelhahn

Gefischt werden diese Muster in der Regel im Hochsommer bei Niedrigwasser mit einer Schwimmschnur und einem sehr langen Vorfach (bis 5 Meter!). Dabei kann das Herumkommen der Fliege zusätzlich mit kleinen, schnellen Strips unterstützt werden. Die Bisse auf die dicht unter der Oberfläche schwimmenden Fliege sind meist sehr explosiv und daher gut zu sehen.

God Nat Fluen

Die God Nat Fluen („Gute Nacht Fliege“) ist eine äußerst interessante Meerforellenfliege für die dänischen und norddeutschen Auen mit ihren steil abfallenden Uferkanten. Erstaunlicherweise sieht man – im Gegensatz zu Dänemark – bei uns kaum einen Fischer, der es einmal mit dieser ungewöhlichen Fliege versucht. Vielleicht liegt es an der unnatürlichen Farbgebung, doch die starken Hell/Dunkel-Kontraste haben einen besonderen Grund: Die weißen Anteile der God Nat sollen es der Meerforelle ermöglichen, die Fliege gegen die dunklen Ufer der tiefen Auen zu erkennen, die schwarzen Anteile hingegen das Sehen der Fliege gegen die helle Wasseroberfläche. Den Effekt können Sie leicht überprüfen, indem Sie diese Fliegen abwechselnd vor einen dunklen und einen hellen Hintergrund halten. Tagsüber (besonders in den Dämmerungsphasen) wird die God Nat mit einer Sinkschnur oder Sinktip gefischt, in der Dunkelheit meist an einer Schwimmschnur. Die Fliege kann sowohl im klassischen Swing (45 Grad stromab geworfen, ans eigene Ufer schwingend) als auch wie ein Streamer gefischt werden. Dabei sind kurze, harte Züge (5 Zentimeter) oft sehr effektiv.

Material-Liste
Haken: Naßhaken Größe 2 bis 6
Bindeseide: 6/0, schwarz
Schwanz: Hechelfibern, rot
Körper: Chenille, weiß, schwarz, weiß, schwarz
Flügel: Kalbschwanz, weiß
Hechel: Hahn, schwarz (Kehlhechel)

Besonders fängig für

Meerforelle

Streamer

Wenn es um wirklich große Fische geht – egal ob kapitale Bachforellen, kämpferische Regenbogner, stramme Meerforellen oder große Hechte – kommt man an der Fischerei mit dem Streamer kaum vorbei. Warum auch?

Magnus

Die Magnus ist eine überaus fängige Fliege, wenn es um Meerforellen geht – in verschiedenen Farben gebunden, kann sie das ganze Jahr lang gefischt werden. Die abgebildete naturfarbene Magnus ist ein hervorragendes Muster für den Frühsommer und Herbst, das sowohl Garnelen als auch Jungfiscl ~ (insbesondere Sandgrundeln) imitieren kann. Besonders wenn das Futterangebot Ende Mai/Anfang Juni für die Meerforellen sehr groß geworden ist und sie daher etwas heikel reagieren, ist die naturfarbene Magnus stets eine gute Wahl.
Mit einem bunten Körper oder einer bunten Hechel gebunden (pink oder orange!) ist sie auch im Winter sehr fängig – auch die Meerforelle auf der Doppelseite 36/37 wurde mit so einem Muster gefangen. Bindet man sie in schwarz, ist sie auch für die nächtliche Sommerfischerei bestens geeignet – daß dabei statt der erhofften Meerforelle ein Dorsch die schwarze Magnus nimmt, sorgt für etwas Abwechslung und einen kleinen Adrenalinschub, und der wirkt besser als eine halbe Kanne Kaffee…
Das Geheimnis dieser Fliege sind offensichtlich die Grizzly-Federn, deren Bänderungen im Wasser auch bei langsamer Führung (5 Zentimeter lange Züge) eine lebhafte Bewegung vortäuschen und die Kugelaugen, die die Fliege beim Einholen auf und ab laufen lassen.

Material-Liste
Haken: Größe 6 bis 12
Bindeseide: 6/0, schwarz
Schwanz: Hechelspitzen, grizzly
Körper: Bisam-Dubbing
Rippung: Kupferdraht
Körperhechel: Hahn, grizzly
Hechel: Hahn, grizzly
Augen: Kugelkette

Besonders fängig für

Meerforelle

Hare‘s Ear Mini Muddler

Diese Fliege ist sehr ungewöhnlich, denn sie vereint Eigenschaften, die eigentlich nicht vereinbar sind: Man kann sie, je nach Hakengröße, als Streamer, Aufsteiger und sogar als Trockenfliege fischen!
In den Hakengrößen 6 bis 10 ist der Hare‘s Ear Mini Muddler in der Morgen- und Abenddämmerung (Ende Mai bis Oktober) ein hervorragender Oberflächenstreamer für Forellen, besonders interessant ist dieser dezente Streamer auch für die sommerliche Küstenfischerei auf Meerforellen.
In den kleineren Größen kann er als Imitation einer an der Oberfläche furchenden Stein- oder Köcherfliege gefischt werden (beides mit der Schwimmschnur und etwa 3 Meter langem Vorfach).
In Hakengröße 10 und kleiner kann dieser Mini Muddler in Bächen und Flüssen mit einer Sinktip oder einem vorgeschalteten Bleischrot auch als schwimmende Köcherfliegenpuppe gefischt werden, falls man kein anderes passendes Muster zur Hand hat.
Insgesamt also ein äußerst vielseitig einsetzbares Muster, das man in der Box haben sollte.

Material-Liste
Haken: Größe 6 bis 16
Bindeseide: 6/0, schwarz
Schwanz: Rebhuhnfibern
Körper: Hasenohrdubbing
Rippung: Ovalgold
Hechel: Rebhuhn
Kopf: Rehhaar

Besonders fängig für

Äsche

Bachforelle

Meerforelle

Regenbogner

Deep Stickle

Der Deep Stickle ist ein einfach zu bindender Streamer mit einer hervorragenden Eigenschaft: Aufgrund der auf der Hakenoberseite angebrachten Kugelaugen dreht sich die Fliege im Wasser und fischt mit einer nach oben gerichteten Hakenspitze. Dadurch kann er mit einem geringen Hängerrisiko grundnah gefischt werden. Interessant ist der Deep Stickle daher für die Bachforellenfischerei über felsigem Grund, der Hechtfischerei zwischen versunkenem Holz und der Meerforellenfischerei in hängerträchtigen Brauntangfeldern. Je nach Größe der Kugelaugen sinkt der Streamer mehr oder weniger ab, wobei der „Dreheffekt" bei schwereren Augen stärker ist als bei leichten. Zudem fischt der Deep Stickle durch die Beschwerung beim Einholen jigartig, also mit leichten Auf- und Abwärtsbewegungen. Für die Hechtfischerei sollten Sie den Deep Stickle auf Hakengröße 2/0 bis 2 binden, für die Forellenfischerei auf die Hakengrößen 4 oder 6. Gefischt wird er wegen seines Gewichts idealerweise mit einer schwimmenden Keulenschnur (WF) und mit einem nicht allzu langen Vorfach (270 Zentimeter). Für Forellen ist eine 0,25er Spitze anzuraten, für die Hechtfischerei ein 250 Zentimeter langes 0,40er Monofil mit einem 20 Zentimeter langen Stahlvorfach. Forellen reagieren am besten, wenn der Streamer schnell gefischt wird (10 Zentimeter lange Züge), Hechte mögen es eher langsamer (20 Zentimeter Züge).

Material-Liste
Haken: Größe 2/0 bis 6
Bindeseide: 6/0, schwarz
Flügel: Krystal Hair, perl; Flashabou silber; Haar, schwarz
Kehlhechel: Haar, rot
Kopf: Kugelaugen, Silberlurex

Besonders fängig für

Bachforelle **Hecht** **Meerforelle**

Blue Mylar

Die Blue Mylar ist eine Variante der bekannten dänischen Meerforellenfliege Juletrae, ist im Gegensatz zu dieser jedoch leichter zu binden und mindestens genauso fängig. Genau wie bei der Juletrae besteht der Schwanz und die „Hechel" aus aufgefasertem Mylarschlauch, der Körper jedoch aus blauem Lurex.
Die Blue Mylar ist ein Muster für die Ostsee, das besonders von März bis Mai sehr fängig ist. Es sollte an einer schwimmenden Keulenschnur (WF) mit einem etwa 3 Meter langen Vorfach (0,25er Spitze) flott gefischt werden. Schnelle, etwa 10 Zentimeter lange Züge sind meist ideal. In den kleinen Hakengrößen fischt sie dabei manchmal zu dicht unter der Oberfläche oder furcht sogar, ein Vorfach aus Fluorcarbon (das ist schwerer als Nylon) oder eine eingeschlaufte Intermediate-Tip (150 Zentimeter) bringt jedoch auch diese kleineren Fliegen in die richtige Tiefe.
Generell muß bei dieser Fliege gesagt werden, daß man sie nicht zu schnell, aber leicht zu langsam fischen kann. Sollten Sie Nachläufer haben, also Meerforellen, die der Fliege folgen, ohne diese zu nehmen, sollten Sie daher die Einholgeschwindigkeit deutlich erhöhen.
Auch bei dieser Fliege können Sie leicht Variationen binden, indem Sie die Farbe des Körpers verändern. Wie wäre es beispielsweise mit Orange für den Winter? Oder eine Green Mylar fürs Frühjahr?

Material-Liste
Haken: Größe 2 bis 8
Bindeseide: 6/0, schwarz
Schwanz: Mylarschlauch, perl
Körper: Lurex, blau
„Hechel": Mylarschlauch, perl

Besonders fängig für

Meerforelle

Isbjørnen

Die Isbjørnen („Eisbär“) ist ein klassischer Bucktail-Streamer, der ursprünglich für die Meerforellenfischerei entwickelt wurde. Da er jedoch eine sehr gute Jungfisch-Imitation ist, wird diese Fliege im Sommer und Herbst auch für alle anderen Raubfische eingesetzt, die sich in dieser Zeit auf die Jungfischschwärme konzentrieren.

Besonders effektiv ist die Isbjørnen, wenn sie dicht unter der Oberfläche sehr schnell gefischt wird, um das Flüchten eines Jungfisches zu imitieren, vor allem an der Strömungskante zwischen ruhigem Wasser (hier stehen die Jungfische) und schneller Strömung (von hier kommen die Raubfische).

Gefischt wird er, je nachdem wie stark die Strömung in die Fliegenschnur greift, mit unterschiedlichen Techniken. Sie können die Leine beispielsweise stromab menden, um die Geschwindigkeit zu erhöhen oder den Streamer schnell einholen.

Um ihn wirklich schnell zu fischen, sind lange Züge (20 bis 30 Zentimeter) notwendig – einige Fliegenfischer klemmen sich die Rute auch unter den Arm und holen die Leine Hand über Hand ein. Der Streamer „surft“ dann an der Oberfläche und erzeugt eine V-förmige Welle – und das ist für alle Raubfische äußerst reizvoll...

Material-Liste

Haken: Größe 2 bis 4
Bindeseide: 6/0, schwarz
Schwanz: Rote Wolle
Körper: Flachsilber
Rippung: Ovalsilber
Flügel: Bucktail, weiß unter Eichhorn, braun

Besonders fängig für

Bachforelle

Hecht

Meerforelle

Regenbogner

Mickey Finn

Die Mickey Finn ist ein äußerst einfach zu bindender und gleichzeitig sehr effektiver Streamer für die kalte Jahreszeit. Im Spätherbst, Winter und Frühjahr (Schonzeiten beachten!) und bei Wassertemperaturen unter 8 Grad ist dieses Muster an Fängigkeit kaum zu übertreffen, auch im angetrübten Wasser.
Gefischt wird die Mickey Finn in dieser Zeit in Fließgewässern meist mit einer Sinkschnur (Vorfach 50 bis 100 Zentimeter), im Stillwasser mit einer Sinktip (Vorfach 100 bis 150 Zentimeter) und an der Küste mit der Schwimmschnur (Vorfach rund 300 Zentimeter). In Bächen und Flüssen muß die Fliege tief und langsam fischen, das Menden (Umlegen) der Schnur stromauf ist daher wichtig. Im Stillwasser und ganz besonders an der Küste kann jedoch etwas schneller gefischt werden (5 bis 10 Zentimeter lange Züge).
Besonders für das Stillwasser und die Ostsee ist auch die Marabou-Variante (Marabou statt Bucktail-Flügel) zu empfehlen, da dieses Material auch ohne Strömung sehr lebhaft spielt. Achten Sie aber darauf, daß Sie beim Binden mit diesem Material keinen zu dickdrähtigen Haken nehmen – diese sind zu „hecklastig“, der Haken hängt dann im Wasser hinter der Schwinge herunter und es gibt Fehlbisse. Mit einem dünndrähtigen Haken jedoch ist die Marabou-Variante perfekt.

Material-Liste
Haken: Streamerhaken Größe 4 bis 10
Bindeseide: 6/0, schwarz
Körper: Silbertinsel
Rippung: Ovalsilber
Flügel: Bucktail, gelb, rot, gelb

Besonders fängig für

Bachforelle

Meerforelle

Regenbogner

Black Dog Nobbler

Diese Abwandlung des guten alten Wooly Buggers ist wohl der einfachste und gleichzeitig fängigste Streamer der Welt: Bleiwicklung im Kopfbereich, einen Schwanz aus Marabou einbinden, Körper wickeln, fertig!
Auf das Pfauengrasköpfchen kann man, wenn man will, verzichten, und es geht sogar noch einfacher, nämlich ohne Bleiwicklung – klemmen Sie einfach, je nach Strömung und Wassertiefe, ein Bleischrot vor den Streamer…
So läßt sich der Black Dog Nobbler innerhalb einer Minute fertigen, und das macht es einem leicht, diesen Streamer risikoreich zu fischen: unter Büschen, zwischen Totholz oder unter unterspülten Wurzeln – und da stehen oft die starken Forellen.
Besonders interessant sind zudem schattige Bereiche mit weichem Untergrund, denn in diesen kommen häufig Egel vor, die der Black Dog Nobbler hervorragend imitiert.
Gefischt werden kann er das ganze Jahr lang, besonders fängig ist er jedoch in der Zeit von Mai bis Oktober. Normalerweise wird er an einer Schwimmschnur angeboten, wegen seines Gewichts ist eine Keulenschnur (WF) und ein etwa 2,5 Meter langes 0,25er bis 0,30er Vorfach ideal. Bewährt hat es sich dabei, sofort nach dem Auftreffen des Streamers ihn mit schnellen Zügen (10 bis 20 Zentimeter) einzuholen, die Bisse sind dann meist sehr explosiv.

Material-Liste

Haken: Streamerhaken Gr. 2 bis 6
Bindeseide: 6/0, schwarz
Beschwerung: Bleidraht (vorne)
Schwanz: Marabou, schwarz
Körper: Chenille, schwarz
Kopf: Pfauengras

Besonders fängig für

Bachforelle

Meerforelle

Regenbogner

FLIEGENFISCHEN
INTERNATIONALES MAGAZIN FÜR FLUGANGLER
testen
Steigen Sie ein, in die faszinierende Welt
des Fliegenfischens. Informieren Sie sich über Ausrüstungs-Neuheiten, Fangtechniken und internationale und nationale Fanggebiete. Genießen Sie eindruckvolle Fotostrecken traumhaft schöner Gewässer. Lernen Sie ausgesuchte Fliegen und deren Herstellung kennen. Bestaunen Sie Fische von kapitaler Größe und beeindruckender Schönheit. Gewinnen Sie neue Sichtweisen. Entdecken Sie Ihren Sport von einer ganz neuen Seite. Lesen Sie FLIEGENFISCHEN. FLIEGENFISCHEN gibt´s alle zwei Monate am Kiosk für € 8,10
Fordern Sie ein kostenloses Probeheft an und lernen Sie Fliegenfischen kennen!
Tel. 040/80 80 22-222
Fax: 040/80 80 22-299
e-mail:
fliegenfischen.aboservice
@hzvgmbh.de
FLIEGENFISCHEN
INTERNATIONALES MAGAZIN FÜR FLUGANGLER
GEWÄSSER
Salzhaff (D)
Haslach (D)
Gail (A)
Gaula (N)
CATCH & RELEASE
Richtig releasen
HECHT
Grüne Giganten – gezielt auf Großhecht
MAIFLIEGE
Die Zeit der Riesen
Binden mit Verlängerung

Meine fängigsten Fliegen

Trockenfliege

Name:
Haken:
Bindeseide:
Schwanz:
Körper:
Flügel:
Hechel:

Nymphe

Name:
Haken:
Beschwerung:
Bindeseide:
Schwanz:
Rippung:
Körper:
Hechel:

Naßfliege

Name:
Haken:
Bindeseide:
Schwanz:
Rippung:
Körper:
Hechel:
Flügel:

Streamer

Name:
Haken:
Bindeseide:
Schwanz:
Körper:
Rippung:
Flügel:
Augen:
Beschwerung: